테이블에 놓지 말고 공간에 걸자
행잉 플라워
HANGING FLOWER

이 도서의 국립중앙도서관 출판예정도서목록(CIP)은 서지정보유통지원시스템 홈페이지(http://seoji.nl.go.kr)와
국가자료공동목록시스템(http://www.nl.go.kr/kolisnet)에서 이용하실 수 있습니다.(CIP제어번호: CIP2014030768)

테이블에 놓지 말고 공간에 걸자
행잉 플라워

초판1쇄 발행 2014년 11월 20일

엮은이	월간 플로라 편집부
펴낸이	이지영
편집	이종택
사진	월간 플로라
디자인	Design Bloom 이은경·전유나
펴낸곳	도서출판 플로라
등록	2010년 9월 10일 제 2010-24호
주소	서울시 마포구 연남로1길 67 (연남동)
전화	02.323.9850
팩스	02.336.6328
대표메일	flowernews24@naver.com

ISBN 978-89-969985-7-0

이책은 저작권법에 의해 보호받는 저작물이므로
도서출판 플로라의 서면 동의 없이는 복제 및 전사할 수 없습니다.

잘못된 책은 구입처에서 교환해 드립니다.
책값은 뒤표지에 있습니다.

테이블에 놓지 말고 공간에 걸자

행잉 플라워
HANGING FLOWER

월간 플로라 편집부

플로라

들어가는 글

평범한 공간에 무엇을 더하면 한 순간에 생동감 넘치고 사랑스러운 공간으로 바뀔 수 있을까? 그것은 꽃만이 할 수 있는 일이 아닐까? 심지어 꽃은 마술처럼 사람의 마음을 움직여 우울한 기분에서 빠져나오게도 하며 위로를 주고 행복한 마음으로 변화시키기도 한다.

행잉 플라워 디자인Hanging Flower Design은 플라워 디자인 중에서 공중에 매달거나 벽에 걸어서 디자인된 것들을 말한다. 플로라에서 발행되는 꽃인테리어 관련 서적 중에서 이 책 〈D.I.Y 행잉 플라워〉는 도시적인 생활 공간에서 좁은 공간을 활용하면서도 뭔가 색다른 실내장식을 원하는 사람들을 위하여 기획되었다. 이 프로젝트를 위하여 월간 플로라에 연재하고 있는 최고의 플라워 디자이너 29인이 기꺼이 다양하고도 창의적인 아이디어를 나누어 주었다. 이 곳에 선보인 작품들이 독자들의 손을 거쳐 매장 혹은 거실 등의 생활 공간에서 다양하게 장식되어 많은 사람들에게 즐거움을 주었으면 한다.

Part1-스타트: Basic에서는 플라워 디자인을 위한 기본 이해를 위하여 좋은 꽃을 고르는 방법과 관리 방법, 꽃의 특성과 종류, 간단한 꽃꽂이 등을 소개하였고 Part2-스텝 업: DIY 에서는 제작과정을 친절한 사진과 함께 설명하였다. 차근차근 따라하면 작품을 완성할 수 있도록 구성하여 처음 플라워 디자인을 시도하는 사람들도 자신감을 가질 수 있도록 하였다. Part3-피니쉬: Mood Up은 좀 더 창의적인 디자인을 원하는 독자들을 위하여 독창적인 53개의 작품을 선보인다.

이 책의 작품들은 모두 생화로 디자인되었지만 이 디자인을 기본으로 하여 조화造花 silk flower나 드라이플라워dry flower, 프리저브플라워preserved flower 등으로 장식한다면 각각의 재료가 가지는 특성에 따라서 다양한 변신이 가능하고 또한 오랜 기간 감상할 수 있을 것이다.
꽃으로 세상을 아름답게 물들이며, 월간 플로라의 든든한 지원군이 되어 주시는 참여 작가들께 깊은 감사의 마음을 전하며 책 말미에 프로젝트에 참가한 작가들을 정리해 두었다.
플라워 디자인을 시작하는 독자들을 상상한다. 삭막한 공간이 꽃과 함께 생동감 넘치는 공간으로 바뀌어가는 모습들을 기대한다.

월간 플로라 편집부

CONTENTS

4 들어가는 글

Part 1
스타트: Basic

12 꽃 알기
16 도구 소개
18 꽃 고르기 / 다듬기 / 보관하기
20 꽃꽂이 기본

Part 2
스텝 업: DIY

26 그린리스 월 데코
28 시들지 않는 프리저브드 플라워 액자
30 앤티크한 드라이 플라워
32 요리조리 자석 월 데코
34 투명하게 간단하게 비닐주머니
36 유리병 행잉 디자인
38 다육식물 행잉 디자인
40 바구니에서 꽃 액자로
42 부케 아닌 행잉 플라워
44 큐트 볼
46 트로피컬 플라워 바스켓
48 태양을 담은 바스켓
50 그네 타고 플라워 하이

CONTENTS

**Part 3
피니쉬: Mood Up**

54	주방용품 행잉
55	쿨하게 가볍게 행잉
56	고깔콘
58	이지 월 데코
60	케이블타이 앤 유리병
61	나무에 걸린 유리병
62	행잉 소품
63	유리볼 식물 행잉
64	그린을 담은 와인병
66	거꾸로 우산
67	플라워걸이
68	내추럴 월 데코
70	월 데코 바구니
71	아이 캔 행잉
72	줄줄이 토분
74	초록 박스 가드닝
75	프리저브드 플라워 리스
76	멀티유즈 리스
78	버드케이지 - forest
79	버드케이지 - wall

CONTENTS

Part 3
피니쉬: Mood Up

- 80　버드케이지 - space
- 82　버드케이지 - outdoors
- 84　블루 플라워 볼
- 85　스페셜 에어 볼
- 86　아웃도어 플라워 볼
- 88　플라워 볼 공간 데코
- 90　다육식물 플라워 볼
- 91　미러볼 플러스 플라워
- 92　오리엔탈 바스켓
- 93　바스켓 가드닝

- 94　테라스 플라워 팟
- 95　봄을 담은 바스켓
- 96　물방울 바스켓
- 97　다래덩굴 행잉
- 98　리스의 변신
- 100　월 앤 테이블
- 101　트로피컬 월 데코
- 102　앤티크 월 데코
- 104　프렌치 스타일 월 데코
- 106　행잉 인 파티

CONTENTS

107 폴링 플라워
108 갈런드 월 플라워
110 플라워 페인트
112 윈도우 드로잉
113 꽃발
114 플라워 레인
116 플라워 샹들리에
118 그린 조명 데코
119 레드 조명 데코
120 캔들 스타일링

121 그린 스타일링
122 아트 행잉 I
123 아트 행잉 II

126 작가색인

Part 1

스타트: Basic

꽃 알기

{ 꽃은 얼굴이 큰 꽃과 작은 꽃이 있다.
그 크기에 따라 꽃꽂이에서 서로 다른 역할을 한다.
일반적으로 얼굴이 큰 꽃을 매스플라워라고 하고
작은 꽃들을 필러플라워라고 한다. }

 매스플라워란? Mass Flower

작품 구성에서 디자인의 양감을 표현하고 면을 만들어 주는 역할을 하는 꽃이다.
많은 꽃잎이 한 덩어리로 된 꽃송이로 크고 둥근 형태의 꽃을 말한다.

 수국, 메리골드, 라넌큘러스, 아네모네, 카네이션, 해바라기, 장미, 국화, 다알리아, 작약 등

 필러플라워란? Filler Flower

매스플라워만으로는 부족한 공간을 채워 주어, 디자인의 입체감을 보강해 주거나 율동감과
색감을 부드럽게 해주는 역할을 하는 꽃을 말한다. 보통 한 줄기 또는 여러 줄기에 작은
꽃들이 빽빽하게 핀 꽃으로 작품의 공간을 마무리해 준다.

 옥시, 안개꽃, 스타티스, 하이페리쿰, 소국, 헬레늄, 부바르디아 등

◇◇◇◇◇◇◇◇◇ Flower In Market ◇◇◇◇◇◇◇◇◇

| 거베라 | 과꽃 | 국화 | 금어초 |

| 다알리아 | 델피니움 | 라넌큘러스 | 리시안서스 |

| 맨드라미 | 메리골드 | 모카라 | 무스카리 |

Flower In Market

| 백합 | 수국 | 수선화 | 스위트피 |

| 스카비오사 | 스타티스 | 아네모네 | 안개꽃 |

| 안수리움 | 알스트로메리아 | 옥시 | 왁스플라워 |

◇◇◇◇◇◇◇ Flower In Market ◇◇◇◇◇◇◇

작약　　　　　장미　　　　　칼라　　　　　튤립

프로테아　　　프리지아　　　하이페리쿰　　　해바라기

호접란　　　　히아신스

도구
소개

기본도구

① **플로랄 폼**　　꽃을 꽂는 기본 베이스이다. 꽃을 고정하고 수분을 공급하는 역할을 한다.

② **플로랄 폼 나이프**　　플로랄 폼을 컷팅할 때 사용하는 칼이다.
　　　　　　　　　날이 뭉뚝해 보이지만 생각보다 매우 날카로워 사용 시 주의가 필요하다.

③ **수공가위**　　리본이나 얇은 줄기를 자를 때 사용한다.

④ **꽃 가위**　　나무의 잔가지와 꽃의 줄기를 자를 때 사용한다.

⑤ **리본**　　부케와 꽃다발을 만들 때 장식용으로 사용된다. 리본은 종류가 다양하여 선택의 폭이 넓다.

⑥ **플로랄 테이프**　　여러 가지 용도로 사용한다. 코사지처럼 물 처리가 되지 않는 아이템을 제작할 때
　　　　　　　　주로 사용하며 당겨서 사용하면 점성이 강해진다. 컬러는 흰색, 갈색, 녹색, 연두색이
　　　　　　　　기본 컬러이지만 요즘에는 다양한 컬러의 플로랄 테이프를 시장에서 볼 수 있다.

⑦ **지철사**　　철사를 얇은 플로랄 테이프와 같은 종이로 감싼 철사이다. 색상은 녹색, 갈색, 흰색이 있으며
　　　　　　주로 사용되는 굵기는 #27과 #18번이다. 와이어의 굵기는 주로 #18 #20 #22 #24 #26이며 숫자
　　　　　　가 높을수록 와이어의 굵기는 얇다.

⑧ **낚싯줄**　　행잉 장식을 할 때 주로 사용하며 행잉 작품의 긴장감을 위하여 눈에 보이는 와이어보다는 눈
　　　　　　에 잘 보이지 않는 투명한 낚싯줄을 주로 사용한다. 낚싯줄은 생각보다 약하기 때문에 무게가
　　　　　　나가는 행잉 장식을 할 때는 피아노 줄을 사용하는 것이 좋다.

⑨ **알루미늄 와이어**　　알루미늄 와이어는 디자인적인 역할이 큰 와이어이다. 주로 1mm나 2mm 굵기의 와이어를 사
　　　　　　　　　용하며 다양한 컬러가 있다. 두껍지만 구부리기가 쉬워 사용하기 편리하다.

⑩ **새장**　　꽃을 꽂아 행잉 장식을 할 때 많이 사용한다.

기타도구

플로랄 폼 테이프

플로랄 폼을 화기에 고정해주는 역할을 하며 상황과 디자인에 맞추어 플로랄 폼 테이프의 넓이를 고려하여 사용한다. 접착되는 면에 물이 묻으면 점성이 떨어지므로 주의해야한다.

가시 제거기

장미의 가시를 제거할 때 사용하는 도구이다. 적은 힘으로 손쉽게 잎과 가시를 제거할 수 있지만 강한 힘을 가하면 줄기가 손상 될 수 있으므로 주의해야 한다.

꽃 고르기

Tip 1

꽃은 송이가 크고 선명한 것이 좋으며, 대는 굵고 긴 것이 좋다. 잎사귀가 달린 것은 눈으로 확인해 잎이 푸르고 싱싱한 것과 잎이 난 간격이 짧은 것을 선택하는 것이 좋다.

Tip 2

장미와 같이 봉오리가 단단한 꽃은 일상적인 물의 공급으로 활짝 피기는 힘들다. 따라서 구매할 때 40~50% 이상 핀 것을 선택하는 것이 좋다.

Tip 3

물속에 오래 담가둔 꽃은 줄기 끝이 무르는 경우가 많으므로 유심히 살펴본다.

Tip 4

일반적으로 수술은 꽃이 절정에 이르렀을 때 꽃가루를 만든다. 따라서 수술의 꽃가루가 흐트러져 있다면 그 꽃은 이미 한 번 피었다는 뜻이므로 그리 오래 가지 않는다.

꽃 다듬기

 잎제거
 사선자름
 물담금
 물속자름

모든 소재는 작품을 만들기 전에 충분히 물올림을 해주어야 한다. 물올림 조절이란 작품에 사용할 꽃이 싱싱하게 유지되도록 꽃을 물에 담가 놓는 것이다. 줄기 아랫부분의 잎을 제거한 후, 줄기의 끝을 2~3cm 정도 사선으로 잘라 물속에 깊숙이 담근다. 그렇게 하여 2~3시간이면 꽃에 물이 오르게 된다. 보통은 하루나 이틀 전에 물올림을 해두는 것이 가장 좋으며, 시간이 촉박할 경우라 하더라도 최소한 2시간 이상은 담가 놓아야 한다. 물을 빨아올리는 흡입구가 막히면 흡수 능력이 없어져서 시들어 버리므로 자른 부분과 물은 항상 깨끗하게 하여 박테리아가 번식하지 않도록 한다. 줄기의 뿌리 쪽을 물속에 넣은 채 줄기를 자르거나 꺾으면 삼투압 작용 때문에 보다 단시간에 효과적으로 물올림이 된다.

 특유의 모양과 향기로 꽃꽂이에서 다양하게 활용되는 백합은 꽃 가운데에 있는 뾰족한 수술을 떼어내면 꽃가루가 날리지 않을 뿐 아니라 싱싱함을 더 오랫동안 유지할 수 있다.

 카네이션과 같이 줄기에 마디가 있는 꽃은 물올림을 원활히 하기 위해 마디를 피해 줄기를 잘라 주어야 한다.

 꽃잎이 풍성해 한 줄기만으로도 화사한 분위기를 연출하는 수국은 줄기뿐만 아니라 꽃잎으로도 수분을 흡수한다. 따라서 수국이 시들 때 꽃 부분을 물에 깊숙이 담가 놓으면 몇 시간 뒤에 싱싱해 진다.

 이국적인 느낌의 꽃, 안수리움은 자른 뒤에도 2~3주가량 생명이 유지되지만 하트 모양의 불염포와 꽃술을 손으로 만질 경우 쉽게 손상되기 때문에 조심스럽게 다뤄야 한다.

꽃 보관하기

직사광선을 피해 통풍이 잘 되는 곳에 보관하며, 냉난방기의 바람은 꽃의 증산작용을 촉진시켜 꽃을 금방 시들게 하므로 피한다. 1~2일 마다 화병을 깨끗이 닦고 물을 갈아주어 박테리아가 생기지 않도록 한다.

꽃꽂이 기본

플로랄 폼 꽂이

그린 소재로 작품의 형태와 크기를 잡아 준다.
그 후, 부피가 큰 꽃에서
작은 꽃의 순서로 꽂아 준다.
남은 공간은 필러 플라워로 채워서 마무리 한다.

플로랄 폼 꽂이, 이렇게 해보세요.

1. 바구니에 꽃을 꽂기 전에 물이 새지 않도록 비닐을 깔아주세요.
2. 비닐을 깐 바구니에 플로랄 폼을 크기에 맞게 잘라 넣어주세요.
3. 먼저 바구니의 끝부분을 그린으로 채워 플로랄 폼을 가려주세요.
4. 그 다음은 얼굴이 큰 꽃으로 전체적인 형태를 잡아주면서 빈 곳은 작은 꽃으로 채워주면 되는데 마음 가는 대로 손 가는 대로 하면 됩니다.

화병 꽂이

화병의 종류에 따라 테이핑(Taping)을 하거나 화기 안쪽에 알루미늄 와이어를 넣는 등 화병 꽂이의 방법은 여러 가지가 있다. 입구가 넓지 않은 화기의 경우 화병에 직접 꽃을 꽂기도 하며, 일반적으로 부피가 큰 꽃부터 작은 꽃의 순서로 꽂는다.

화병 꽂이, 이렇게 해보세요

1. 넓은 유리화기에 꽃을 꽂는다면 플로랄 테이프로 칸을 나눠주세요.
2. 먼저 얼굴이 큰 꽃을 꽂아 중심을 잡아주세요. 어떤 꽃이든 상관이 없어요. 2~3송이를 모아서 꽂아주세요.
3. 중심을 잡아준 꽃과 어울리게 다음 꽃을 꽂아주세요. 원하는 색감과 형태로 꽂으면 됩니다.
4. 작은 송이의 꽃, 또는 그린으로 빈 부분을 채워주세요. 그룹핑하여 꽂아도 됩니다.
5. 어느 정도 완성이 되면 부족한 부분과 컬러매치를 보면서 꽃을 더 꽂아주세요.
   유리화기는 투명하게 비치는 꽃의 줄기도 중요해요.

Part 2

스텝 업: DIY

행잉 플라워
Hanging Flower

구조물, 벽걸이용 화병, 플로랄 폼, 워터 픽 등의

부자재를 이용하여 벽면에 꽃을 걸거나

천정에 꽃을 매달아 연출하는 디자인을 말한다.

벽과 공중을 꾸미는 꽃인 행잉 플라워는 손 가는 대로,

느낌 가는 대로 즐기면 된다.

꽃 한 송이를 공중에 매달아 놓아도 좋고

유리병에 꽃을 꽂고 벽면에 고정해주어도 좋다.

그린리스 월데코

인디핑크 편백나무와 은빛 유칼립투스의 잎이
시원한 느낌을 더하는 그린을 위한 리스이다.
향긋한 풀잎 향은 공간에 분위기를 더한다.

PROCESS

1. 각 소재별로 비슷한 길이로 묶어 놓는다.
2. 리스 틀에 편백나무를 같은 방향으로 붙여나가 원형을 만들어준다.
3. 유칼립투스를 골고루 넣어주고 필리카로 포인트를 준다.

소재 **유칼립투스, 편백, 필리카**
기타 **리스틀, 리본**

시들지 않는
프리저브드 플라워 액자

미송 판재를 손수 처리해 만든 원목 액자 스타일링.
수제 제작 액자로 빈티지하면서 소소한 느낌을 살린다.

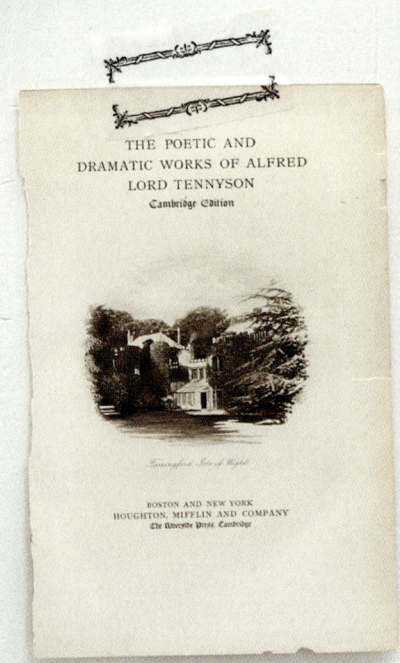

PROCESS

1. 미송 판재와 철수세미, 프리저브드플라워를 준비한다.
2. 토치를 이용하여 표면을 살짝 그을려 준다.
3. 철수세미로 표면을 갈아 주면 나이테 사이사이 무른 면이 갈아져서 나이테의 요철이 생겨 입체감이 살아난다.
4. 벽에 걸 고리를 뒷면에 고정시킨다.
5. 이끼를 적당한 크기로 깔아 글루건을 이용해 붙여 준다.
6. 미니 장미를 얼굴의 각을 다르게 글루건을 이용하여 붙여 준다.
7. 수국과 페퍼트리 등을 사이사이 붙여 준다.
8. 라이스플라워를 꽂고, 빈티지 라벨을 붙여 마무리한다.
9. 벽면에 걸어주면 완성.

소재 preserved flowers (수국, 미니 장미, 페퍼트리, 아이슬란드 모스, 라이스플라워)
기타 미송 판재, 고리, 철수세미

앤티크한 드라이플라워

예쁘게 말린 꽃을 높낮이를 달리하여 천장에 달아 플라워 모빌을 만들어 보자.
창문 위에 달아주면 바람이 불때마다 살랑거리는 꽃들로 기분이 좋아질 것이다.

PROCESS

1. 잘 말린 꽃을 준비한 뒤 줄기를 짧게 잘라 길이를 맞춰준다.
2. 노끈을 이용해 고리를 만들어주고 줄기 부분을 묶어준다.
3. 묶어준 노끈을 적당한 길이로 자른 뒤, 매듭을 짓는다.
4. 노끈 고리 위에 낚싯줄을 이용해 걸어준다.

소재 **미스티블루, 시네신스, 스카비오사, 씨드박스, 에키놉스**
기타 **노끈**

요리조리
자석
월 데코

수분보충용으로 사용하는 워터픽을 장식비닐로 감싸고 자석을 이용하여 벽면에 붙여주었다.
독립적으로 또는 두세 개 따로 뭉쳐서 구성하여도 분위기에 맞는 손쉬운 연출이 가능하다.

PROCESS

1. 색비닐을 적당한 크기로 잘라 각 모서리마다 케이블타이로 묶을 구멍을 뚫어준다.
2. 색비닐을 둥글게 말아 아래쪽을 케이블타이로 연결해준다.
3. 워터픽과 색비닐을 케이블타이로 연결한다.
4. 자석을 양면테이프로 붙여준다.

소재 **과꽃, 디디스커스, 리시안서스, 미니 장미, 수국, 층층이꽃, 홍조팝, 후록스**
기타 **자석, 색비닐, 워터픽**

투명하게 간단하게 비닐 주머니

쉽게 구할 수 있는 소재와
간단한 방법으로 벽면을 장식하였다.
집게를 이용해 공간을 쉽게 꾸며보자.

PROCESS

1. 비닐 안에 얼음 큐브를 넣는다.
2. 꽃과 잎 소재를 테이프 또는 끈으로 고정해 준다.
3. 비닐 안에 꽃을 넣은 후 살짝 묶어준다.
4. 비닐 안에 물을 넣는다.
5. 끈을 좀 더 세게 묶어 준다.
6. 집게를 이용해 구조물에 걸어준다.

소재 **백일홍, 아스틸베, 알리움, 펜스테몬**
기타 **얼음큐브, 비닐 주머니, 나무집게, 노끈**

유리병 행잉 디자인

철제 바구니를 거꾸로 매달고 식물과 꽃을 유리병에 담아 걸어 주었다.
모래에서도 잘 자랄 수 있는 다육식물은 해변 분위기를 내는데 제격인 식물이다.
시들기 전에 꽃을 바꿔주는 센스는 필수.

PROCESS

1. 유리볼에 엽란과 칼라를 넣어준다.
2. 유리볼에 약간의 물을 넣어준다.
3. 유리병에 모래를 넣어준다.
4. 모래를 채운 유리병에 조개 껍데기 등을 넣어준다.
5. 다육식물의 줄기를 잘라준다.
6. 유리병에 다육식물을 넣어준다.
7. 철제 바구니를 뒤집고 닥나무를 적당하게 걸어준다.
8. 에어플랜트인 틸란드시아를 철제 바구니 위에 놓고 닥나무를 추가로 더 걸어준다.
9. 철제 바구니에 소라 껍데기 등을 글루건으로 붙여준다.

소재 **칼라, 다육식물, 선인장, 틸란드시아**
기타 **철제바구니, 유리병, 소라 껍데기, 조개 껍데기, 닥나무**

다육식물 행잉 디자인

다육식물은 수분공급을 자주해주지 않아도 잘 자라지만 통풍은 매우 중요하다.
모빌에 간간히 부는 바람은 소라 속에서 적은 흙으로 버티고 있는 다육식물에게
사막의 오아시스 같은 큰 힘이 된다.

PROCESS

1. 흙이 충분이 들어갈 만한 동글동글한 소라 껍데기와 다육식물, 이끼를 준비한다.
2. 소라의 무게 중심에 작은 구멍을 내준다.
3. 낚싯줄을 소라 껍데기에 넣은 후에 작은 가지로 고리를 만들어 걸어준다.
4. 흙을 소라 껍데기에 넣어준다. 소라 껍데기를 흔들면서 넣으면 꼼꼼히 흙을 채울 수 있다.
5. 긴 막대를 이용해 다육식물을 심어준다.
6. 흙이 유실되는 것을 막기 위해 이끼로 마무리한다.
Tip. 통발을 먼저 걸어준 후에 만들어 놓은 다육식물을 하나씩 달아가며 높낮이를 맞추면 중심 잡기가 훨씬 쉽다.

소재 **다육식물, 순록이끼**
기타 **통발, 소라 껍데기, 불가사리**

바구니에서 꽃 액자로

빨간 장미와 앙증맞은 먼나무 열매가
집안을 붉게 물들일 것만 같다.
바구니에 꽃을 꽂고 리본에 매달아
걸어두면 어떤 그림보다 생생한
아름다움을 느낄 수 있다.

PROCESS

1. 바구니 겉면에 굵은 리본을 끼워 윗부분에 고리를 만든다.
2. 물이 새는 것을 막기 위해 비닐이나 포장지를 깔고 플로랄 폼을 바구니 안쪽으로 낮게 넣는다.
   이 때 플로랄 폼이 빠지지 않도록 철사를 U핀으로 만들어 바구니 아랫부분까지 끼운 후 고정한다.
3. 장미를 그룹핑하여 먼저 꽂는다.
4. 수국, 시암오로라 잎과 유카덴드룸 잎을 꽂은 후, 먼나무 열매로 군데군데 포인트를 준다.

소재 장미, 빈티지 수국, 먼나무 열매, 유카덴드룸, 시암오로라
기타 바구니, 플로랄 폼, 리본, 철사, 포장지

부케 아닌 행잉 플라워

꽃을 돔 형태로 심플하게 꽂아주고
작은 클레마티스는 살랑이는 느낌으로
돔 형태보다 조금 높게 꽂아준다.
몬스테라 잎을 감싼 단조로운 아랫부분을
귀리로 마무리하여
찰랑이는 느낌을 강조한다.

PROCESS

1. 행잉 철망과 꽃을 준비한다.
2. 행잉 철망에 플로랄 폼을 세팅하고 몬스테라 잎으로 겉을 감싸준다.
3. 호엽을 길게 연결하여 몬스테라 잎을 감싸 묶어준다.
4. 장미, 다알리아를 먼저 꽂는다. 살짝 돔 형태를 만든다.
5. 장미와 다알리아 사이사이 아스클레피어스를 꽂아준다.
6. 약간 높이감 있게 작은 크기의 클레마티스와 스카비오사를 줄기를 살려 꽂고 귀리를 아랫부분에 꽂아준다.

소재 다알리아, 스카비오사, 아스클레피어스, 클레마티스, 장미(줄리엣), 몬스테라 잎, 호엽, 귀리
기타 행잉 철망, 플로랄 폼

큐트 볼

작은 플라워 볼 여러 개를
끈으로 연결하여
귀여움을 강조하였다.
플라워 볼이 작은 만큼 꽃은
복잡하지 않게 꽂아준다.

PROCESS

1. 둥근 플로랄 폼을 물에 담가 물을 먹인다.
2. 긴 막대에 낚싯줄을 묶고 플로랄 폼을 관통한다.
3. 원하는 갯수만큼 플로랄 폼을 통과한 후 제일 마지막 플로랄 폼에 낚싯줄을 고정한다.
4. 수국과 스마일락스를 꽂으면서 원형의 기본 형태를 만들어간다
5. 목수국, 이베리스, 디디스커스를 차례로 꽂아준다.
6. 클레마티스로 포인트를 주고 암미로 형태를 완성한다.

소재 **디디스커스, 목수국, 수국, 암미, 이베리스, 스마일락스, 클레마티스**
기타 **둥근 플로랄 폼, 막대**

트로피컬 플라워 바스켓

전체적으로 꽃이 자연스럽게 흐드러지며
가꾸지 않은 듯 꽂아주어
열대우림의 느낌이 나도록 한다.

PROCESS

1. 플로랄 폼을 바스켓보다 3cm 정도 높게 세팅하고 플로랄 폼이 움직이지 않게 빈 공간을 채워준다.
2. 잎 소재를 방사형으로 꽂아준다.
3. 수국과 안수리움 등 덩어리진 느낌의 꽃들로 먼저 자리를 잡아준다.
4. 장미와 프로테아를 그룹핑하여 꽂아준다.
5. 포인트로 모카라를 곳곳에 꽂아주는데, 모카라의 독특한 화형이 잘 드러날 수 있도록 다른 꽃보다 약간 높게 꽂는다.

소재 **라이온에잇, 모카라, 수국, 안수리움, 장미(마리도), 프로테아, 버즐리아(열매), 유칼립투스, 센토레아, 셀렘**
기타 **바스켓, 플로랄 폼**

태양을 담은 바스켓

바스켓 아랫부분을 그린 소재로 감싸주어
숲속 같은 느낌으로 표현하였다.
주위를 잡아당길 듯한 레드 컬러와 그린이 조화롭다.

ⓒ 최병석

PROCESS

1. 네프로네피스를 이용해 바스켓 주위를 감싼다.
   바스켓을 숨긴다는 것 보다 소재가 가지고 있는 방향을 살려주면서 자연스럽게 연출한다.
2. 바스켓 안에 플로랄 폼을 넣고 그린 소재를 방향성을 살려 가면서 꽂는다.
3. 빈 곳에 다알리아, 촛불 맨드라미, 투베로사 등을 적절하게 꽂아준다.

소재 **다알리아, 투베로사, 촛불 맨드라미, 네프로네피스, 아이비**
기타 **바스켓, 플로랄 폼**

그네 타고 플라워 하이

흘러내리면서 또는 올라타면서
리듬감 있게 그네를 꾸며준다.

PROCESS

1. 무성한 나뭇가지에 그네를 매달아 고정시킨다.
2. 그네 위에 플로랄 폼을 올려 그린 소재(루스커스, 버플리움)를 채워준다.
3. 포인트가 되는 자주색 작약을 꽂아준다.
4. 망개 열매를 그네 줄에 고정한다.
5. 글로리오사를 흘러내리게 또는 그네 줄에 올라타도록 꽂아준다.

소재 **글로리오사, 신지매, 작약, 루스커스, 버플리움, 망개**
기타 **플로랄 폼**

part 3

피니쉬: Mood Up

주방용품 행잉

쉽게 구할 수 있는 주방용품에 앙증맞게 꽃을 담아 부엌 한편에 걸어두자.

소재 델피니움, 메리골드, 암미, 부풀리움, 불로초
기타 플로랄 폼, 국자, 리본

쿨하게 가볍게 행잉

고깔 모양으로 비닐 주머니를 만든 후 얼음 큐브로 장식하였다.
꽃은 워터픽에 넣어 물처리를 해준다.

소재 **호접란, 팔손이**
기타 **비닐 주머니, 얼음큐브**

고깔콘

다양한 색상의 종이를 잘라 고깔 모양으로 말아놓고 벽에 고정해준다.
적은 양의 꽃을 꽂아 놓는 것만으로도 훌륭한 데코가 완성된다.
꽃을 비닐 안에 넣고 물처리하면 더 오래 볼 수 있다.

소재 니겔라, 리시안서스, 델피니움, 모카라, 장미, 줄 맨드라미, 트리플룸, 블루베리
기타 플로랄 폼, 색종이, 비닐

이지 월 데코

골판지에 자작나무 껍질을 글루건으로 붙여 사각형 패턴과 자연 소재의 질감이 돋보이도록 프레임을 짜고 꽃을 꽂을 수 있도록 워터픽을 고정하였다. 벽면 액자로 사용하면 좋다.
한여름, 강렬한 태양의 느낌을 담은 레드, 옐로, 오렌지 컬러의 꽃들을 시원한 느낌의 유니폴라와 함께 꽂아 여름의 열기와 풍경을 담았다.

소재 **글로리오사, 맨드라미, 장미, 프롤리우스, 하이페리쿰, 유니폴라**
기타 **자작나무 껍질, 골판지, 워터픽**

케이블타이 앤 유리병

착색한 대나무를 케이블타이로 연결하여
계속 엮어나가 원하는 모양을 만든다.
비비드한 색상의 케이블타이의 반복이
불규칙적인 리듬감과 흥미를 준다.
작은 화병을 케이블타이로 고정하여
작은 꽃다발 두 개를 리듬감 있게 배치하였다.

소재 냉이초, 메리골드, 산토레아, 아킬레아, 암미, 홍화
기타 착색 대나무, 케이블타이, 유리병

나무에 걸린 유리병

다양한 사이즈의 유리컵 또는 유리병에 자연스럽게 꽃을 꽂아 놓는다.
녹음만 가득한 여름의 나뭇가지에 꽃을 걸어보자.

소재 **니겔라, 델피니움, 버질리아, 스카비오사, 줄 맨드라미, 트리플룸**
기타 **유리병, 철사**

행잉 소품

작은 유리병과 올망졸망한 소품이 경쾌하게 걸려있다.
바다의 파란 이미지와 시원함을 유리병에 담았다.

소재 **다알리아, 스모크트리, 스카비오사, 클레마티스, 하이페리쿰, 아이비**
기타 **철제 바스켓, 유리병**

유리볼 식물 행잉

시각적으로 청량감을 주기위해
유리볼을 사용하였다.
행잉의 식물은 물 관리가 편해야 한다.

소재 다육식물(청솔, 청옥, 발디), 러브체인, 이끼
기타 유리볼

그린을 담은 와인병

빈 와인병이 식물과 만나 지중해 느낌이 나는 소품으로 재탄생하였다.

공중에 매달린 와인병에 식물이 역행하여 하늘 위로 자라는 모습을 관찰하는 재미도 쏠쏠하다.

와인병 밑바닥을 절단하는 방법은 먼저, 와인병에 두꺼운 실을 절단할 위치에서부터 아래쪽으로 3~4바퀴 감아준다.

그다음 와인병에 감긴 실을 아세톤에 충분히 적셔준 후 라이터로 불을 붙인다.

실에 붙은 불이 꺼지고 난 후 미리 준비해 놓은 물에 담가주면 온도 차이로 인해 가볍게 떨어져 나간다.

소재 **안개꽃, 네프로네피스, 라임스킨, 세덤**
기타 **와인병, 털실, 아세톤**

거꾸로 우산

우산을 활용하여 조개 껍데기, 불가사리 등의 소품을 활용하여 여름 바다를 담았다.
우산을 펼치고 수국과 다양한 소품으로 모빌을 만들어보자.

소재 수국, 작약, 스마일락스
기타 조개 껍데기, 불가사리, 우산, 워터픽, 미니볼, 리본

플라워걸이

옷을 고르듯, 옷걸이에 걸린 다양한 색감의 꽃을 골라보자.

핸드타이드로 꽃다발을 만들 때 고리 부분도 같이 잡아주어야 한다.

소재 라넌큘러스, 알스트로메리아, 부풀리움, 셀렘, 레몬트리, 엽란, 디디스커스, 심비디움, 포피, 곱슬버들
기타 옷걸이

내추럴 월 데코

상쾌한 날씨에는 빈티지풍의 손가방에 막 꺾어 꽂은 듯한
편안하고 자연스러운 연출이 어울린다.

소재 **헬레보로스, 부풀리움, 캄파눌라, 트리플룸, 니겔라, 옥시**
기타 **천가방**

월 데코 바구니

난색으로 이루어진 꽃으로 따뜻함을 담아내었다.
세련되고 비비드한 색감이 실내에 포인트를 준다.

소재 골든볼, 모카라, 목수국, 장미, 하이페리쿰, 호엽란
기타 바구니, 플로랄 폼, 비닐

아이 캔 행잉

캔 윗부분을 니퍼로 잘라낸 뒤 캔 밑에 구멍을 내고
흙을 채워 공중 식물로 알맞은 러브체인이나 아이비를 심는다.

소재 **러브체인, 아이비**
기타 **빈 캔**

줄줄이 토분

철망으로 물구멍을 막아준 다음 화분 안쪽에 이끼를 덧대어 흙이 바깥으로 떨어지지 않도록 처리하고
식물을 화분에 넣는다. 마끈으로 토분을 자연스럽게 연결하여 벽이나 천장에 걸어준다.
화분을 약간 기울어지듯이 연결하여, 흘러내리는 식물의 특징을 살려준다.

소재 **다육식물(녹영), 아이비**
기타 **토분, 철망**

초록 박스 가드닝

액자 같은 느낌을 주는 월 가든 디자인이다.
우드 박스를 이끼로 채워 준 다음,
이끼가 쏟아지지 않도록 화분 깔망으로 덮고 낚싯줄로 고정해 준다.
우드 박스 사이의 공간에
다육식물을 심고 낚싯줄로 고정해준다.

소재 **다육식물** (녹영, 야마토렌, 키후아후아엔시스, 천대전송, 청옥, 천대전송, 페인티드 뷰티), 이끼
기타 **우드 박스**, 철망

프리저브드 플라워 리스

인테리어 소품으로 어울리는 프리저브드 플라워 리스이다.
집들이 선물이나 결혼선물로 좋은 디자인이다.

소재 preserved flowers (수국, 아일랜드 모스, 램스이어, 린플라워, 페퍼트리)
기타 리스틀

멀티유즈 리스

상쾌한 컬러로 꾸민 리스. 리스는 벽에 걸 수도 있고 테이블 센터피스로도 활용할 수 있다.
유리병에 담긴 꽃다발을 의자에 걸어보자. 손쉽게 행잉 디자인을 만들 수 있다.

소재 **골든볼, 수국, 장미, 하이페리쿰, 청사철**
기타 **리스용 플로랄 폼, 유리병**

버드케이지 - forest

숲속 결혼식을 위한 행잉 장식이다.
리본에 거꾸로 매달린 꽃과 새장 안의 꽃은 아름다움에 설렘을 더한다.

소재 리시안서스, 백합, 수국, 신지매, 장미(마르시아), 아이비
기타 새장, 플로랄 폼

© 앨리스플라워

버드케이지 - wall

새장 모양의 행잉 바스켓에 가든 느낌이 나도록 싱그럽게 연출한 디자인이다.
깨끗한 벽에 잘 어울리는 컬러의 소재들로 구성하였다.
새장 속에 플로랄 폼을 두고 골고루 꽂아준다.

소재 공작, 라넌큘러스, 라이스 플라워, 라일락, 델피니움, 스토크, 스프레이 카네이션, 피토스포룸
기타 새장, 플로랄 폼, 비닐

버드케이지 - space

새장 소품을 활용한 행잉 디자인으로
문걸이나 의자 등에 걸면 멋진 인테리어 소품이 된다.

소재 델피니움, 센드레아, 클레마티스, 이베리스, 장미(로잘린), 미니 장미, 코스모스, 아이비, 조팝나무, 냉이
기타 새장, 플로랄 폼

버드케이지 - outdoors

야외와 어울리는 화이트 그린의 청초한 컬러에 리본으로 포인트를 주어 여성스러움을 가미하였다.
작은 새장 안에 마치 새가 날아들 것 같은 느낌으로 풍성하면서도 자연스럽게 꽂아준다.

소재 **고광나무, 디디스커스, 목수국, 석죽, 스노우볼, 스카비오사**
기타 **새장, 플로랄 폼, 리본**

아웃도어 플라워 볼

하얀색의 수국과 카네이션으로 만든 질감이 독특한 플라워 볼이다.
다래덩굴의 곡선을 활용하여 자유로운 선의 흐름을 더해주었다.
야외웨딩에 어울릴 내추럴한 느낌의 디자인이다.

소재 **수국, 카네이션, 천리향, 다래덩굴**
기타 **플로랄 폼, 워터픽**

심플하고 깨끗한 이미지를 연출한 파티 행잉 디자인으로 레이스 질감의 꽃들이 사랑스럽다.

소재 리시안서스, 수국, 장미(아이스브레이커)
기타 플로랄 폼, 리본, 유리화기

다육식물 플라워 볼

다육식물로 플라워 볼을 만들면 절화로 만든 플라워 볼보다 더 오래 감상할 수 있다.
웃자라지 않게 볕이 잘 들고 통풍도 잘되는 곳에 걸어 두면
다육식물의 귀여움을 오래 간직할 수 있다.

소재 **다육식물(월미인, 녹영, 정야, 초연), 이끼**
기타 **리본, 새장식**

미러볼 플러스 플라워

미러볼은 복고적인 디스코 느낌을 주면서 동시에 현대적인 감각을 느낄 수 있는 유니크한 아이템이다.
미러볼에 꽃을 연출하여 매력적인 행잉 장식이 탄생하였다.

소재 **골든볼, 미니 백일홍, 수국, 아네모네, 옥시, 천리향, 수국, 아이비**
기타 **미러볼**

오리엔탈 바스켓

따스한 햇볕과 소나기, 그리고 습기 먹은 여름의 녹음을 오리엔탈풍의 바스켓에 담아 연출하였다. 동양적이지만 어떤 장소에 있어도 잘 어울린다.

소재 맨드라미, 목수국, 클레마티스, 작약, 자스민, 홍매화, 아주가
기타 바스켓

바스켓 가드닝

봄을 닮은 듯 따뜻한 컬러로 내추럴하게 꽃과 잎을 꽂아주었다.
물이 새지 않게 행잉 바스켓 안에 비닐을 깔아주고
플로랄 폼을 적당한 크기로 잘라 바스켓 안에 넣는다.

소재 장미(자나), 벚꽃, 사포나리아, 시네신스, 조개꽃, 해당화, 아스파라거스
기타 바스켓, 플로랄 폼

테라스 플라워 팟

화분을 야외용 테라스 의자에 걸어 마치 정원에 있는 듯한 느낌을 준다.
화분 뒤의 갈고리를 이용하여 의자나 벽에 걸어둘 수 있다.

소재 **제라늄, 버베나**
기타 **행잉용 화분**

봄을 담은 바스켓

건물의 입구나 난간에
걸어두면 좋은 바스켓 디자인이다.

소재 공작, 라넌큘러스, 리시안서스, 델피니움,
스토크, 작약, 장미, 카네이션, 유칼립투스
기타 바스켓, 플로랄 폼, 비닐

물방울 바스켓

한 송이만으로도 충분히 아름다운 칼라, 호접란, 수국 등이
마치 하나의 물방울처럼 모여 있다.

소재 **수국, 줄맨드라미, 칼라, 호접란**
기타 **바스켓, 플로랄 폼**

다래덩굴 행잉

다래덩굴로 틀을 만든 후 꽃을 엮어가면서 디자인한다.
생명의 근원인 물방울을 모티브로 하여 내추럴하게 꽃을 꽂아주었다.

소재 **디디스커스, 루피너스, 목수국, 수국, 클레마티스, 스카비오사, 다래덩굴, 스마일락스**

리스의 변신

리스 틀에 와이어로 워터픽을 엮은 후 들판의 꽃이 아기자기하게 피어있는 모습처럼 꽂아주었다.
블루와 보라, 그린이 꽃이 만개한 여름 정원의 느낌을 준다.

소재 **목수국, 반다, 수국, 스위트피, 스카비오사, 이베리스, 스마일락스, 아이비**
기타 **리스틀, 워터픽, 와이어**

월 앤 테이블

영국에서 많이 쓰이는 디자인으로 벽에 걸어두거나 테이블 데코용으로 좋다.
마름모 형태나 눈물방울 형태로 디자인할 수 있는데 형태에 따라 소재의 강약 조절이 중요하다.

소재 라넌큘러스, 라일락, 리시안서스, 델피니움, 스카비오사, 스토크, 작약, 장미, 카네이션, 유칼립투스, 아이비
기타 플로랄 폼

트로피컬 월 데코

여름에 한쪽 벽면이나 기둥에 활용하면 좋다.
컬러가 강한 색감의 꽃을 사용하기 때문에 그린 소재를 적절히 중간에 배치해 주는데
위에서 아래로 흐르듯이 꽂아준다. 칼라의 선을 원하는 방향으로 잘 살려준다.

소재 다알리아, 마가목, 맨드라미, 센토레아, 안수리움, 줄 맨드라미, 칼라, 체리, 유칼립투스, 야자
기타 플로랄 폼

앤티크 월 데코

앤티크한 벽걸이 화분에 아이비로 자연스런 형태를 잡아주고
작은 디테일의 꽃인 라일락과 목수국을 꽂아주었다. 자연스러움을 강조한 벽장식이다.

소재 라일락, 목수국, 아이비
기타 벽걸이 화분, 플로랄 폼

프렌치 스타일 월 데코

자연스러움을 강조하는 프렌치 스타일로 집안의 벽이나 문을 꾸미기에 좋다.

소재 다알리아, 리시안서스, 목수국, 이베리스, 작약, 장미(페이션스), 미니 장미, 조팝, 진달래, 칼라, 아이비
기타 플로랄 폼

행잉 인 파티

가지들을 엮어 틀을 만든 후, 사이사이에 꽃을 꽂아 테이블 위를 장식한다.

플로랄 폼 대신 가지를 사용하여 가벼울뿐만 아니라 꽃과 꽃 사이에 보이는 가지가 멋스러움을 더해준다.

소재 루피러스, 반다, 수국, 클레마티스, 호두나무 가지

폴링 플라워

라인 플라워의 길이감과 작약의 몽글몽글함을 살린 플라워 샹들리에.
금방이라도 쏟아질 듯한 화려한 질감의 꽃들이 매력적이다.
형형색색 다양한 컬러를 활용한 행잉 장식이다.

소재 금어초, 델피니움, 스토크, 작약
기타 두꺼운 종이 판자, 천

갈런드 월 플라워

델피니움의 형태를 살린 갈런드 장식이다.

리시안서스의 하늘거리는 꽃잎이 갈런드의 분위기를 부드럽게 만들어준다.

그린, 퍼플, 블루의 컬러 조합이 트렌디하다.

소재 **델피니움, 리시안서스, 클레마티스, 장미(오션송)**
기타 **플로랄 폼**

플라워 페인트

페인트 벗겨진 벽면을 배꽃과 설유화로 그림처럼 꾸며주었다.
살아 움직이는 듯 자연스러운 율동감이 느껴진다.

소재 **배꽃, 설유화, 닥나무**
기타 **와이어**

윈도우 드로잉

유리 위에 펜으로 잎을 자연스럽게 그려 넣는다.

거베라의 얼굴을 따 봄날에 흩날리는 꽃잎처럼 자유로운 느낌으로 붙여준다.

소재 **거베라**

플라워 레인

알록달록 캔디 컬러의 장미를 줄기 채로 하얀, 혹은 검은 패브릭에 어슷하게 걸어준다.
스모크트리로 몽환적인 느낌을 주었다.

소재 **장미, 스모크트리**
기타 **천**

플라워 샹들리에

프렌치스타일 행잉 샹들리에. 한들거리는 소재들로 톡톡 떨어져 내리는 느낌을 내었다.

풍성한 수국은 아름답지만, 컬러감은 과감히 배제한 뒤 다운된 톤을 사용하여 상하 무게의 밸런스를 맞춰주었다.

소재 **수국, 줄 맨드라미, 클레마티스**

그린 조명 데코

오브제 느낌의 샹들리에만 있다면 손쉽게 할 수 있는 칼라 데커레이션.
칼라가 가지고 있는 고유의 특성만으로도 충분히 아름답다.

소재 **칼라, 스마일락스, 틸란드시아**

레드 조명 데코

블랙 샹들리에를 버건디 색상의 꽃으로 꾸며주었다.
글로리오사를 샹들리에의 곡선을 따라 춤을 추는 듯
배치하여 율동감을 강조하였다.
손쉽게 디자인할 수 있는 파티 아이템이다.

소재 글로리오사, 장미, 칼라

캔들 스타일링

웨딩 플라워의 느낌을 담은 캔들 스탠드 플라워 스타일링이다. 앤티크한 골드 컬러의 촛대에 조팝과 함께 호접란을 연출하였다. 그 아랫부분은 그린 심비디움과 덴파레를 철사에 엮어 다양한 길이로 매달아 입체적이면서도 화려하게 장식하였다.

소재 덴파레, 심비디움, 조팝, 호접란
기타 캔들 스탠드, 철사

그린 스타일링

길게 엮은 팔손이와 유칼립투스를 육각형의 받침대에 매달아 디자인하였다.
천리향, 유카덴드론, 프로테아를 유리화기에 담아 함께 연출하였다.

소재 **유카덴드론, 프로테아, 팔손이, 유칼립투스, 천리향**
기타 **육각형 받침대, 유리화기**

아트 행잉 I

느티나무와 설유화의 나뭇가지를 이용하여 프렘임을 짜고 칼라, 클레마티스 등의 꽃을 꽂아 꽃이 피는 나무를 형상화한 행잉 장식이다. 앤틱크한 공간과 잘 어울린다.

소재 **골든볼, 불두화, 아네모네, 에피덴드룸, 클레마티스, 칼라, 느티나무, 설유화**

아트 행잉 Ⅱ

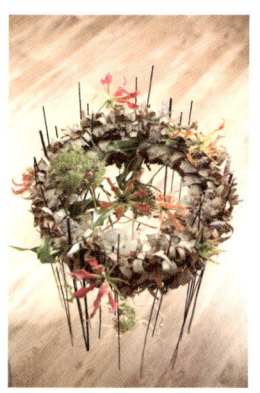

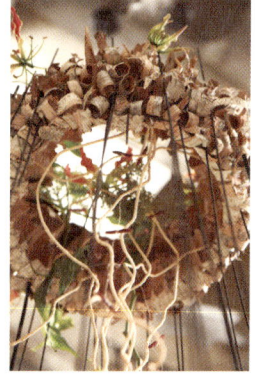

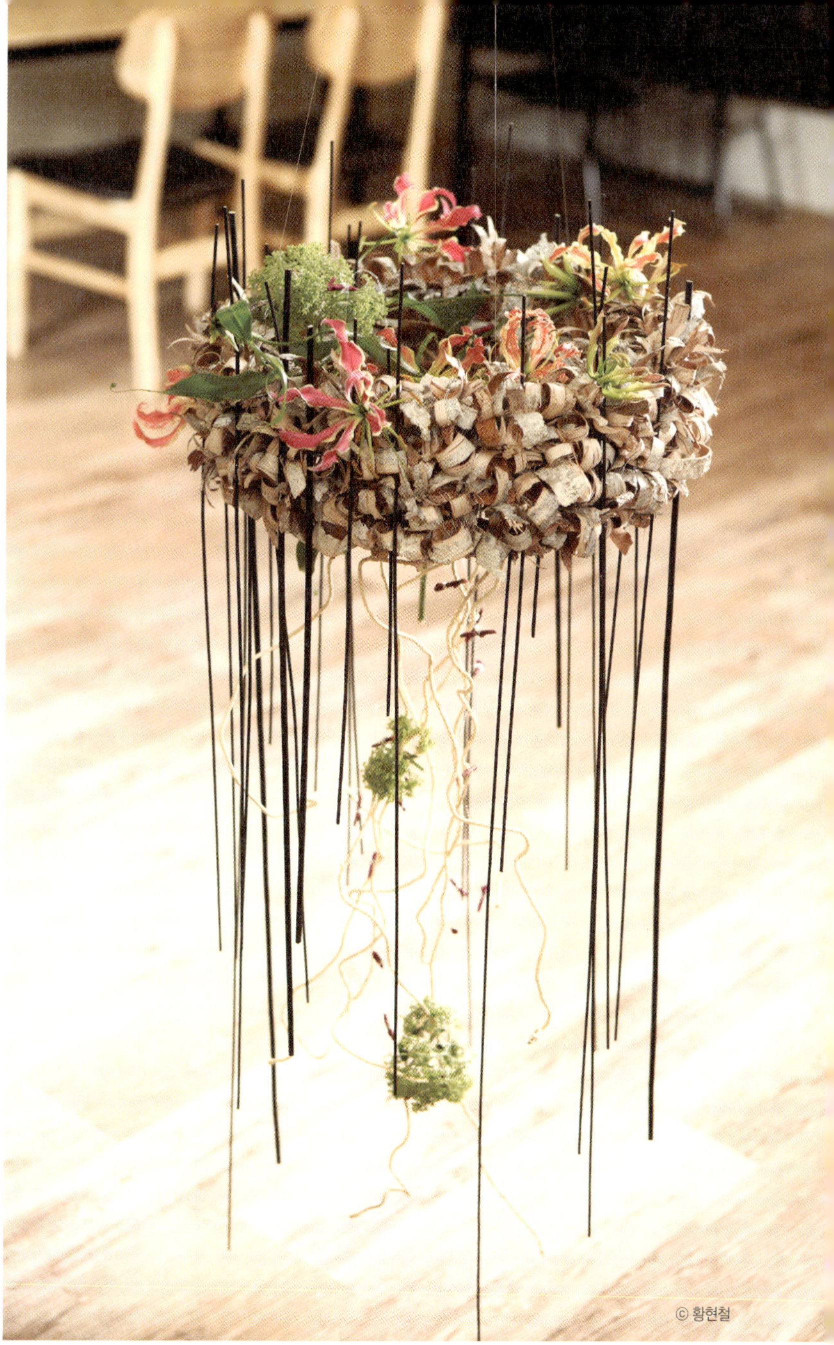

© 황현철

자작나무 껍질과 스틱을 활용하여 디자인하였다.

스틱의 검은 실루엣이 공간을 차분하게 만들어준다.

소재 **글로리오사, 목수국, 자작나무 껍질, 라피아**
기타 **스틱**

꽃은 중독이다.

꽃은 아름다움으로

사람들을

중독 시킨다.

- William J. Mckinley -

FLOWER DESIGNERS

yz스타일
문영주
www.yzstyle.net

듀셀브리앙
이현경
www.duselbrillant.com

라로즈 플라워앤스쿨
박주영
www.larose.co.kr

라베르
김연종
www.lavert.kr

로즈드노엘
이명현
www.rose-de-noel.com

마미야앤코
전은경
blog.naver.com/hsymeo

메르시플라워
전유라
www.mercifleur.com

메리스에이프럴
김영현
blog.naver.com/marysapril

FLOWER DESIGNERS

베르에블랑
함미주 / 이세훈
www.vertetblanc.co.kr

샌프란 플라워
윤재은
www.sanfranflower.co.kr

쉬즈스토리
조윤희
www.sanfranflower.co.kr

부르종
정안자

숲울림
정혜원
blog.naver.com/tsubaki320

아도니스
전우석
www.adonisplant.com

안단테 블룸 스쿨
우윤경
www.andantef.com

FLOWER DESIGNERS

알로플라워
지성만
blog.naver.com/alloflower

앨리스플라워
정은미
blog.naver.com/inthealice

어뮤즈바이
김도연 / 김주희
www.amuseby.com

에이든플로랄아틀리에
이영석
blog.naver.com/chocoboy14

유노스타일즈
정은희
blog.naver.com/junostyles

제이디플로랄
김혜진
www.jdefloral.com

지.플레르
이지연
www.jifleur.com

케이리스 플라워앤파티
정승혁
www.klissflower.com

FLOWER DESIGNERS

파머스
송영선
blog.naver.com/happy1garden

플라워노트
성정민
www.flowernote.co.kr

플라워카페 듀오
김정규
www.duoflower.co.kr

플로드시크릿
사라유
www.flordeSecret.com

헬시언 플라워&아카데미
강순구 / 김재민
www.halcyonart.co.kr

화담플라워
김지형
blog.naver.com/hwadamflower

프리저브드 강사자격 취득과정

프리저브드 플라워 **전문가가** 되길 꿈꾸는
플로리스트를 위한 **프리저브드 강사자격 코스** OPEN

강사자격증 취득 과정
민간등록자격증 등록번호 2014-4599

전문가 과정
전문가가 되기 위한 프리저브드 플라워에 대한 기초 연구와 상업적 디자인 상품 제작 방법을 배우는 수업

강사 3급 12회 수업
강사 2급 12회 수업
강사 1급 16회 수업

단기 수업 과정
비지니스 과정
월별 원데이 수업
DIY 수업
웨딩 단기 과정
취미반 수업

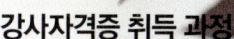

프리저브드 전품목 40%~50% 할인혜택
(사업자등록증이 있으신 분)

직수입 — 프리저브드 플라워 전문점 라베르는 직수입 업체입니다.

고품질 — 플로에버, 프리저빙, 베르디시모 등 다국적 회사의 인정받은 고품질의 플라워를 취급합니다.

노하우 — 9년 동안 프리저브드만을 전문적으로 다룬 강사님의 다양한 커리큘럼으로 구성 된 수업이 진행됩니다

완제품 — 완제품 판매, 인테리어 데코 등 프리저브드를 취급하고 싶은 분들의 고민을 해결해 드립니다

도매매장 서울시 서초구 반포동 19-4 강남고속터미널 경부선 3층 꽃상가 329호   Tel 02.591.4788
아카데미 서울시 서초구 방배동 839-14(7호선 내방역 7번 출구)   Tel 02.593.4789

당신의 삶에 여유를 찾게하는
플로라의 책들

꽃집 창업 성공을 위한
플로리스트 가이드북

이제 막 시작하는 또는 꽃집을 경영하고 있지만 아직 서투른 플로리스트를 위해 10명의 플로리스트의 경험과 생생한 노하우를 담았습니다.

김정희 외 9명 / 138쪽 / 값 13,800원

봄·여름·가을·겨울 꽃 향기 가득한 집
만원 플라워 레시피

꽃향기는 당신에게 여유를 선물합니다.
사계절 내내 향기 가득한 공간으로 채워주는 우리집 플라워 데커레이션.

월간 플로라 편집부 / 224쪽 / 값 13,800원

절화 및 분화 관리 요령 100가지
꽃 오래 보고 화초 잘 키우기

이 꽃의 이름은 무엇인지, 생김새는 어떤지, 무슨 색을 가졌는지, 물은 언제 주고, 햇빛은 얼마나 필요한지 당신의 친절한 길잡이가 되어드립니다.

Florists' Review Enterprises / 류병열 옮김
218쪽 / 값 13,800원

꽃향기 가득한 우리집 꾸미기
꽃 인테리어

꽃과 식물에 전문지식을 가진 디자이너가 아닌 일반독자들이 시도해 볼 수 있도록 다양한 작품들과 그 과정을 상세히 설명하는 사진들로 이루어져있다.

월간 플로라 편집부 / 148쪽 / 값 13,800원

백과사전 만만치 않은 우리집 다육식물 500여종 A~Z 완전정복하기
우리집 다육식물 이름알기

다육식물 대표카페 [식물과 사람들] 주인장 자운영이 선정한 다육식물 500여종 수록.

원종희(자운영) · 월간 플로라 편집부 / 260쪽 / 값 25,000원

자운영과 월간플로라가 전하는
다육식물 잘 키우고 잘 꾸미는 법
우리집 다육식물 키우기

월간 플로라 대표작가 10인이 제안하는 다육식물 그린인테리어.

원종희(자운영) · 월간 플로라 편집부 / 136쪽 / 값 13,000원

국가대표 셰프 조우현의
친절한 꽃요리 레시피
꽃요리

집에서 즐기는 카페·레스토랑 브런치에서 상큼 달콤 디저트까지 오감이 즐거운 꽃요리 레시피!

조우현 / 136쪽 / 값 13,800원

리본으로 만드는 소소한 행복
엄마손 리본공방

우리 아이의 헤어핀을 내 손으로 만들어주고 싶은 초보자부터 남다른 아이디어를 찾는 전문 리본공예가까지 볼 수 있는 완벽 가이드북.

김영임 / 136쪽 / 값 12,000원

꽃 그리기를 통한 힐링 프로젝트
플라워드로잉 꽃을 그리다

꽃을 드로잉하다. 드로잉으로 힐링하다.
꽃을 그리고, 힐링도 하는 일석이조의 드로잉 라이프.

이지안 / 228쪽 / 값 15,000원